Los Anfibios
Amphibians

¿QUÉ ES UN ANIMAL?
WHAT IS AN ANIMAL?

Ted O'Hare
Traducido por Cathy Grajeda

Rourke

Publishing LLC
Vero Beach, Florida 32964

www.rourkepublishing.com

PHOTO CREDITS: All photos © Lynn M. Stone except p 20 ©Breck P. Kent

Carátula: Una rana de ojos rojos se prende de una rama en un bosque tropical de Costa Rica.

Title page: A red-eyed treefrog clings to a branch in a Costa Rica rain forest.

Editor: Frank Sloan

Cover design by Nicola Stratford

Library of Congress Cataloging-in-Publication Data

O'Hare, Ted, 1961-
 [Amphibians. Spanish/English Bilingual]
 Anfibios / Ted O'Hare.
    p. cm. -- (Qué es un animal?)
 Includes bibliographical references.
 ISBN 1-59515-627-5 (hardcover)
 1. Amphibians--Juvenile literature. I. Title. II. Series.
 QL644.2.O3318 2006
 597.8--dc22

                          2005022715

Impreso en los Estados Unidos

CG/CG

Rourke Publishing

www.rourkepublishing.com – sales@rourkepublishing.com
Post Office Box 3328, Vero Beach, FL 32964

1-800-394-7055

Contenido
Table of Contents

Los anfibios

Los anfibios son uno de los grupos de animales a los que les llamamos **vertebrados**. Los vertebrados son animales que tienen espina dorsal. Las ranas, los sapos y las salamandras todos son vertebrados. Y todos ellos son anfibios.

Los anfibios comienzan sus vidas en el agua. Cuando llegan a ser adultos, la mayoría de los anfibios pueden vivir en la tierra. Los anfibios tienen cuerpos blandos recubiertos de una piel que, típicamente, se mantiene húmeda. Sus cuerpos no tienen escamas ni pelo ni plumas.

Amphibians

Amphibians are one of the animal groups known as **vertebrates**. Vertebrates are animals with backbones. Frogs, toads, and salamanders are all vertebrates. And they are all amphibians.

Amphibians begin their lives in water. As adults most amphibians can live on land. Amphibians have soft bodies that are covered by skin that is usually moist. They don't have scales, fur, or feathers.

Most adult amphibians are at home both in water and on land.

La mayoría de los anfibios adultos se sienten cómodos tanto dentro del agua como en la tierra.

Los hábitos de los anfibios

Los anfibios son animales **de sangre fría**. Esto quiere decir que las temperaturas internas de sus cuerpos se mantienen más o menos igual a la del agua o del aire en que se encuentran. Los anfibios no pueden vivir en calor a frío extremos.

A los anfibios les son más apetecibles los lugares frescos y húmedos, donde se ocultan durante los días cálidos. Son más activos durante las noches templadas cuando llueve. Entonces viajan de la tierra al agua para encontrar pareja.

Amphibian Habits

Amphibians are **cold-blooded**. This means their body temperature changes with the air or water temperature around them. Amphibians cannot live in extreme heat or cold.

Amphibians look for cool, damp hiding places on warm days. They are most active on warm, rainy nights. Then they travel from land to water to find mates.

Los anfibios le huyen al tiempo frío o seco haciendo madrigueras. Se quedan bajo tierra y esperan a que llegue el tiempo templado o lluvioso.

Amphibians get away from cold or dry weather by burrowing. They stay underground and wait for warm or wet weather.

Los sapos machos atraen a las hembras con su potente canto. Esto lo logran hinchando un saco que tienen en la garganta.

Toads attract mates by calling through their throat sacs.

Los tipos de anfibios

Los científicos han encontrado aproximadamente 3,200 **especies**, o tipos, de anfibios. La mayoría son ranas y sapos. Las salamandras forman aproximadamente 300 especies. Hay un tercer grupo de anfibios, los cecílidos, o ápodos, que no tienen apéndices. Es decir, no tienen patas. Los **cecílidos** no se encuentran ni en Estados Unidos ni en Canadá.

Kinds of Amphibians

Scientists have found about 3,200 species, or kinds, of amphibians. Most of them are frogs and toads. Salamanders make up about 300 **species**. Legless caecilians are the third group of amphibians. **Caecilians** do not live in the United States or Canada.

Muchas salamandras no tienen pulmones. Respiran por la piel. Una cuantas respiran por **agallas**.

Many salamanders have no lungs. They breathe through their skin. A few salamanders breathe through **gills**.

Un tritón juvenil vive en la tierra. Cuando crezca más, se irá a vivir en el agua.

This young newt lives on land. When it gets older, it will live in water.

Donde viven los anfibios

Los anfibios viven en lugares de clima húmedo y templado. Esto impide que se les reseque la piel. Los anfibios se encuentran en todos los continentes excepto en la Antártida.

Casi todos los anfibios pasan tiempo tanto en la tierra como en el agua. Unos pocos viven un tiempo en madrigueras, o bajo tierra.

Where Amphibians Live

Amphibians live in places with a damp, mild climate. This keeps them from drying out. Amphibians live on every continent except Antarctica.

Most adult amphibians spend time both on land and in water. A few spend time in underground burrows.

This grotto salamander doesn't need to see because it lives in a cave.

A esta salamandra de gruta no le hace falta el sentido de la vista porque vive en una cueva.

*El sapo tiene la piel áspera a diferencia de la rana que tiene la piel lisa.
Y los sapos no causan verrugas.
The toad has rough skin, unlike the smoother frog. And toads don't cause warts!*

La salamandra amphiuma grande al lado inferior izquierdo es presa de una grulla canadiense.
The big amphiuma salamander at the lower left is prey for a sandhill crane.

Los cuerpos de los anfibios

Como grupo, los anfibios son los vertebrados más pequeños. Raramente alcanzan un largo de más de 6 pulgadas (como 15 centímetros). La mayoría no pesan más de 2 onzas (57 gramos). Las salamandras amphiuma de Norteamérica, sin embargo, pueden medir ¡4 pies (1.2 metros) de largo!

Por lo general, los anfibios tienen cuatro patas. Algunas salamandras únicamente tienen dos.

Amphibian Bodies

As a group, amphibians are the smallest vertebrates. They are rarely longer than 6 inches (about 15 centimeters). Most do not weigh more than 2 ounces (57 grams). North American amphiuma salamanders, though, can be nearly 4 feet (1.2 meters) long!

Amphibians generally have four legs. Some salamanders only have two.

Algunos anfibios pueden cambiar de color adaptándose al medio que los rodea.

Some amphibians can change skin color to match their surroundings.

Esta salamandra no tiene pulmones, y respira por la piel.

This salamander has no lungs and breathes through its skin.

14

Los maravillosos anfibios

Algunas ranas de árbol pasan toda su vida en la copa de los árboles. También se reproducen allí. Ponen sus huevos en agua que se acumula en "tazas" formadas por las hojas de los árboles.

En los bosques tropicales de Suramérica viven las ranas flecha venenosa de colores brillantes, pero son letales. Sus cuerpos producen veneno que es utilizado por la gente **indígena**. Preparan dardos y flechas envenenadas con él.

Amazing Amphibians

Some treefrogs never leave their homes in trees. They lay their eggs in leaf cups of water.

In the rain forests of South America, poison-arrow frogs are colorful but deadly. Their bodies make poison that **native** peoples use on the tips of their arrows.

El anfibio más grande del mundo es la salamandra japonesa. Puede crecer hasta un largo de 5 pies (1.5 metros) de largo.

The world's largest amphibian is the Japanese salamander. It can grow up to 5 feet (1.5 meters) long.

Los colores brillantes del venenoso sapito minero son un mensaje claro. Les advierten a sus posibles depredadores que no se acerquen.

The poison-arrow frog's bright colors may warn predators to stay away.

El depredador y la presa

La mayoría de los anfibios son **depredadoras**. Se cazan entre ellos mismos y a otros animalitos para alimentarse. En general, sus **presas** son los insectos.

Los anfibios son tanto presas como depredadores. Los anfibios generalmente capturan a su presa con sus lenguas pegajosas. Unas cuantas especies tienen dientes afilados.

Predator and Prey

Most amphibians are **predators**. They catch each other and smaller animals to eat. Most of their prey are insects.

Amphibians are prey as well as predators. Amphibians usually capture **prey** with their sticky tongues. A few species have sharp teeth.

An earthworm becomes prey for a tiger salamander.

Una lombriz es presa de una salamandra tigre.

Las crías de los anfibios

Los anfibios adultos por lo regular ponen sus huevos en el agua. Las crías eclosionan, o salen de masas de huevos cubiertas por membranas gelatinosas. La mayoría de los anfibios recién nacidos son renacuajos o **larvas** que parecen peces. Estos respiran por agallas.

Por lo regular, las crías no se parecen a los adultos. Cambian al crecer. A las ranas se les caen las colas. Se les desarrollan las patas y los pulmones. Pronto son capaces de salir del agua y de respirar aire.

Baby Amphibians

Adult amphibians usually lay their eggs in water. Babies hatch from these jellylike masses of eggs. Most newborn amphibians are fishlike **larva**, or tadpoles. They breathe through gills.

Most babies don't look much like they will when they grow up. Young frogs lose their tails. They develop legs and lungs. Soon they can leave the water and breathe air.

A una rana sylvatica se le empiezan a desarrollar sus patas traseras.

A wood frog tadpole is beginning to develop hind legs.

La gente y los anfibios

Los anfibios viven unas vidas sumamente privadas. Se esconden en las charcas, en los riachuelos, dentro de la tierra blanda y en hojas húmedas. Es raro que la gente los vea. Pero se pueden oir sus zumbidos y sus croares.

Los anfibios nos ayudan al comerse los insectos. Nosotros podemos ayudar a los anfibios protegiendo las tierras en donde viven.

People and Amphibians

Amphibians lead very private lives. They hide in ponds, streams, soft soil, and damp leaves. People don't often see them. But they can hear their buzzes and croaks.

Amphibians help us by eating insects. We can help them by protecting the land where they live.

GLOSARIO / GLOSSARY

caecilians (suh SIL yunz) — a group of amphibians without legs
cecílidos (ceh CY lih dos) — un grupo de anfibios que no tienen patas

cold-blooded (KOLD BLUD ed) — refers to animals whose body temperatures stay about the same as those of their surroundings; includes fish, amphibians, and reptiles
de sangre fría (deh SAN greh FRY ah) — se refiere a los animales cuya temperatura interna se mantiene más o menos igual a la del ambiente en que se encuentran; los peces, los anfibios y los reptiles son de sangre fría

gills (GILZ) — organs that help fish and other animals breathe by taking oxygen from water
agallas (ah GAH yas) — órganos que extraen oxígeno del agua y ayudan a los peces y a otros animales a respirar

larva (LAHR vuh) — an early life stage in amphibians and certain other animals
larva (LAR vah) — una temprana etapa en la vida de los insectos y otros animales

native (NAY tiv) — a person whose ancestors were among the very early people who lived in a place
indígena (yn DIH heh nah) — una persona cuyos antepasados fueron unos de los primeros habitantes de un lugar

predators (PRED uh terz) — animals that hunt other animals for food
depredadores (deh preh dah DOR ehs) — animales que cazan a otros animales para alimentarse

prey (PRAY) — an animal that is hunted by other animals for food
presa (PREH sah) — un animal que es cazado por otros animales para alimentarse

species (SPEE sheez) — within a group of closely related animals, one certain kind, such as a leopard frog
especie (es PEH syeh) — dentro de un grupo de individuos semejantes con antepasados comunes, un cierto tipo, como la rana pipiens

vertebrates (VER tuh BRAYTZ) — animals with backbones; fish, amphibians, reptiles, birds, and mammals are vertebrates
vertebrados (ver teh BRAH dohs) — animales con espina dorsal; los peces, los anfibios, los reptiles, las aves y los mamíferos son vertebrados

Índice / Index

Lecturas adicionales / Further Reading

Arlon, Penelope. *DK First Animal Encyclopedia*. Dorling Kindersley, 2004
Pascoe, Elaine. *Animals with Backbones.* Powerkids Press, 2003
Silsbury, Louise and Richard Silsbury. *Classifying Amphibians.*
    Heinemann Library, 2003

Sitios web para visitar / Websites to Visit

http://www.biologybrowser.org
http://www.kidport.com/RefLib/Science/Animals/AnimalIndexV.htm
http://nationalzoo.si.edu/Animals/ReptilesAmphibians/ForKids/

Acerca del autor / About the Author

Ted O'Hare es autor y editor de libros para niños. Divide su tiempo entre la Ciudad de Nueva York y una casa en el norte del estado.

Ted O'Hare is an author and editor of children's books. He divides his time between New York City and a home upstate.